I0074910

DISCOURS

PRONONCÉ LE MERCREDI 11 DÉCEMBRE 1867

À la séance solennelle de rentrée

DE LA

CONFÉRENCE DES AVOCATS DE MARSEILLE,

Par Me T. JOUVE, Avocat.

Imprimé en vertu de la délibération du Conseil de Discipline de l'Ordre,
en date du 24 Mars 1868.

ÉTUDE

SUR

NOS LOIS SUCCESSORALES.

23
1868

MARSEILLE.

TYP. ET LITH. BARLATIER-FEISSAT ET DEMONCHY,
Rue Venture, 19.

1868.

F

RENTRÉE

DE LA

CONFÉRENCE DES AVOCATS DE MARSEILLE.

DISCOURS

PRONONCÉ LE MERCREDI 11 DÉCEMBRE 1867,

À la séance solennelle de rentrée

DE LA

CONFÉRENCE DES AVOCATS DE MARSEILLE,

PAR Me T. JOUVE, AVOCAT.

Imprimé en vertu de la délibération du Conseil de Discipline de l'Ordre,
en date du 24 Mars 1867.

ÉTUDE

SUR

NOS LOIS SUCCESSORALES.

MARSEILLE.

TYP. ET LITH. BARLATIER-FEISSAT ET DEMONCHY,
Rue Venture, 19.

1868.

ÉTUDE

SUR NOS LOIS SUCCESSORALES.

—·oo⚬oo·—

DISCOURS

PRONONCÉ

A LA SÉANCE DE RENTRÉE DE LA CONFÉRENCE DES AVOCATS DE MARSEILLE,

Le Mercredi 11 Décembre 1867.

————◆————

MONSIEUR LE BATONNIER,

MESSIEURS,

L'année dernière, à pareil jour, une des voix les plus autorisées du jeune Barreau, nous rappelait, à cette place, les travaux remarquables, les recherches profondes et savantes dont chaque année, depuis longtemps déjà, la rentrée de nos conférences a été l'occasion. Nous pouvons ajouter aujourd'hui que le travail qui vous était présenté ici, il y a un an, était digne de ses devanciers, et vous savez par quels applaudissements unanimes nous accueillions cette étude si intéressante de Me Estrangin sur l'*Hypothèque Maritime.*

De pareils souvenirs, vous le comprendrez, Messieurs, étaient faits pour m'effrayer dans l'accomplissement de la tâche difficile qui m'était dévolue; j'avais trop conscience de ma faiblesse pour avoir la pensée de surpasser, ou même d'égaler ceux qui m'ont précédé à cette place; mais je me suis souvenu qu'il est des luttes dans lesquelles la défaite même est encore honorable, et cette pensée seule a pu me donner quelque courage. Je vais donc essayer d'ajouter, dans la mesure de mes forces, une pierre, si petite qu'elle soit, à l'édifice commun, et si mes forces trahissaient ma volonté vous voudrez bien vous rappeler la faute en est moins à moi qu'à votre choix trop indulgent qui m'a imposé le devoir que je viens accomplir aujourd'hui.

Aucun de vous, Messieurs, n'a sans doute oublié la discussion mémorable qui s'ouvrait au Corps Législatif, le 5 avril 1865. Un amendement présenté par quelques députés soulevait une des questions les plus importantes sur lesquelles puisse se fixer l'attention du législateur. Il s'agissait de savoir si le régime de successions, ébauché par l'Assemblée Constituante et définitivement organisé par le Code Napoléon, devait être conservé, ou bien si une réforme radicale n'était pas devenue nécessaire.

D'après les auteurs de l'amendement, notre système de successions était profondement vicieux.

L'égalité complète établie entre les héritiers, le partage forcé des biens laissés par le défunt étaient des principes déplorables qui ne cessaient, depuis soixante quinze ans, de désorganiser la Société française. L'Assemblée Constituante s'était grossièrement trompée. Elle avait cru faire acte de libéralisme et de justice, et elle n'était arrivée qu'à tyranniser les familles et à faire peser le despotisme jusque sur le foyer domestique ; ce qu'elle avait pris pour un immense progrès, n'était en réalité qu'un retour vers la barbarie ; elle avait tout compromis, commerce, agriculture, industrie ; elle avait sapé dans sa base le principe de l'autorité paternelle et la société française était perdue, si une réforme n'intervenait au plus tôt.

Vous voyez, Messieurs, que la question que l'on soulevait était digne de toute l'attention de nos députés ; aussi donna-t-elle lieu de part et d'autre à de savantes dissertations et à d'éloquents discours. L'amendement fut repousssé et la victoire resta au système établi par le Code civil.

C'est sur cette question de notre régime successoral que je viens appeler aujourd'hui votre attention ; question, permettez moi de le répéter encore, bien grave et digne de nos plus profondes méditations. La transmission des biens après décès est en effet la conséquence la plus essentielle et la plus remarquable du droit de propriété, droit qui est la base fondamentale de toute société civilisée.

Du régime de succession dépendent la prospérité ou le malaise du Commerce, de l'agriculture et de l'industrie, la fécondité ou la stérilité des mariages, la bonne ou la mauvaise constitution de la famille. Ce n'est donc pas seulement un intérêt législatif et juridique que présente l'étude d'une législation successorale, c'est encore et surtout un intérêt économique. Il ne s'agit pas seulement ici de faire une loi simple et claire, prévenant autant que possible les contestations et les procès, il s'agit avant tout d'établir sur une base solide les fondements même de la société. Le Code de 1804 a-t-il rempli ces conditions, ou mérite-t-il tous les reproches que lui adressaient les signataires de l'amendement de 1865 ? C'est ce que nous allons examiner en détail.

Le droit de tester découle-t-il du droit naturel, ou bien n'est-il qu'une prérogative concédée par la loi civile et pouvant être anéantie par elle ? C'est là tout d'abord une question sur laquelle les légistes et les philosophes de toutes les époques ont été divisés et aujourd'hui encore l'on peut dire avec le poëte latin : *adhùc sub judice lis est.*

Il est indubitable que les Romains à l'origine considéraient le droit de transmettre ses biens après décès comme un droit purement civil que la loi pouvait concéder, réglementer ou retirer à son gré. En principe, il est à peu près certain en effet qu'à Rome il n'existait point de testaments. Montesquieu nous dit à ce sujet.

« L'ordre de successions ayant été établi en con-
« séquence d'une loi politique, un citoyen ne devait
« pas le troubler par une volonté particulière, c'est
« à dire que, dans les premiers temps de Rome, il
« ne devait pas être permis de faire un testament.
« Cependant il eût été dur qu'on eût été privé dans ses
« derniers moments du commerce des bienfaits; on
« trouva un moyen de concilier à cet égard les lois
« avec la volonté des particuliers; il fût permis de dis-
« poser de ses biens dans une assemblée du peuple
« et chaque testament fut en quelque façon un acte
« de la puissance législative. » « Les anciennes lois
« d'Athènes, » continue plus loin le grand philosophe
du 18me siècle, « ne permirent point aux citoyens de
« faire de testament » et tirant ensuite la conclusion
de ces deux faits, il ajoute « C'est à tort que l'on a re-
« gardé le droit que les enfants ont de succéder à leur
« père comme une conséquence de la loi naturelle. La
« loi naturelle ordonne aux pères de nourrir leurs en-

« fants, mais elle n'oblige pas de les faire héritiers. Le
« partage des biens, les lois sur ce partage, les succes-
« sions après la mort de celui qui a eu ce partage, tout
« cela ne peut avoir été réglé que par la société et par
« conséquent par des lois politiques ou civiles. »

Le célèbre orateur de l'Assemblée Constituante, Mirabeau professait la même doctrine. Dans le discours qu'il
avait préparé quelques jours avant sa mort et qui fut lu
en son nom par M. de Talleyrand, il disait : « Il me
« semble qu'il n'y a pas moins de différence entre le
« droit qu'a tout homme de disposer de sa fortune
« après sa mort, qu'il n'y en a entre la vie et la mort
« même. Cet abîme ouvert par la nature sous les pas de
« l'homme engloutit également ses droits avec lui, de
« manière qu'à cet égard être mort ou n'avoir jamais
« vécu, c'est la même chose. Quand la mort vient à nous
« frapper de destruction, comment les rapports attachés
« à notre existence pourraient-ils encore nous survivre ?
« Le supposer, c'est une illusion véritable, c'est trans-
« mettre au néant les qualités de l'être réel. » Et tirant
ensuite la conclusion de ces principes, il dit :

« La société est donc en droit de refuser à ses
« membres dans tel ou tel cas, la faculté de disposer
« arbitrairement de leur fortune. »

Singulière théorie, en vérité, Messieurs, et que l'on
est stupéfait de voir développer par un orateur qui se

vantait d'être l'apôtre de la liberté, et devant une Assemblée qui se donnait pour mission la régénération de
la société française par l'établissement de cette même
liberté. Non, le droit de propriété ne nous vient pas
de la loi civile ; oui le droit de tester est une conséquence naturelle et forcée du droit de propriété, et si la
loi civile peut le réglementer comme tout autre droit,
elle ne peut point l'anéantir parce qu'il est au-dessus
d'elle.

« Sophisme étrange », s'écriait l'année dernière M.
l'avocat général Desjasdins (1), après avoir reproduit cette
théorie de Mirabeau, « la propriété implique un droit
« de jouissance absolue ; propriétaire, j'ai nécessaire-
« ment le droit de transformer et de consommer ma
« chose, j'ai donc le droit de l'aliéner. Si j'en peux,
« *Jure naturali*, disposer à titre onéreux, j'en peux aussi
« disposer à titre gratuit. Quoi de plus légitime et
« de plus essentiel à notre nature que la faculté de
« donner ? Ces biens que je peux donner à mes enfants
« pendant ma vie, je peux apparemment les leur trans-
« mettre une heure avant ma mort, et je ne le pourrai
« pas pour le moment même ou j'expirerai ! Je n'ai pas
« d'enfants et ce patrimoine que j'aurais pu dissiper

(1) Discours de rentrée de la Cour Impériale d'Aix, 3 novembre
1868.

« anéantir, je ne pourrais pas le léguer à ma femme,
« à mon bienfaiteur, à l'ami de mes vieux jours !
« Cessons d'être hommes et nous pourrons tenir ce
« langage. »

Cette fausse théorie, que Mirabeau et après lui Robespierre et Tronchet développaient aux acclamations des
constituants, était la conséquence des principes absur-
des et des rêveries philosophiques dont le *Contrat social*
de Rousseau avait imbu à cette époque toutes les
intelligences. Aujourd'hui l'on a fait justice de ces
folles utopies, et sans plus insister sur ce point, nous
pouvons tenir pour constant, avec les philosophes et
les économistes les plus autorisés de notre époque, que
le droit de tester est un droit sacré qui a sa source dans
les sentiments les plus intimes et les plus respectables
du cœur humain, et qu'aucune loi civile ou politique ne
saurait nous en dépouiller.

Mais, si la loi civile ne peut nous priver du droit
de tester, elle peut, et elle doit réglementer les testaments et en outre fixer la répartition des biens du défunt,
lorsque celui-ci n'a pas pu ou n'a pas voulu le faire lui-
même. De là deux sortes de successions que nous retrou-
vons chez tous les peuples et dans toutes les législations,
succession testamentaire et succession *ab intestat*. Il
existe, entre ces deux espèces de successions une corré-
lation intime. La seconde n'est, en effet, qu'un corollaire,

une dépendance de la première et le régime établi par la loi sera d'autant plus parfait qu'il se rapprochera de celui qu'adopte la majorité des testateurs. Qu'est-« ce que la succession naturelle réglée par la loi ? « Ce n'est pas autre chose que la volonté pré-« sumée du défunt formulée d'après l'usage le plus « général. La loi examine ce que le défunt eût fait « s'il eût eu le temps de dicter ses dispositions der-« nières, et elle décide de cette volonté présumée « d'après la coutume des autres pères de famille. » — (Troplong, *Des Donations et testaments*). — Lors donc qu'il s'agira d'établir dans un pays une loi succes-sorale, ce que le législateur devra considérer, en même temps que les principes de justice et d'équité, ce seront les mœurs et les habitudes du pays, et quelque par-faite que puisse d'ailleurs être sa loi à d'autres points de vue, elle sera toujours mauvaise si elle se trouve en contradiction avec ces mœurs et ces habitudes. C'est cette considération, sur laquelle nous reviendrons plus tard, quand nous étudierons d'une manière spé-ciale le régime français, qui me semble avoir échappé aux signataires de l'amendement de 1865 et qui est cependant en cette matière d'une importance capitale.

D'après une classification parfaitement bien établie par M. Leplay dans son ouvrage sur la réforme sociale, les divers régimes successoraux peuvent tous se ramener à trois types :

1° Le régime de conservation forcée;

2° Le régime de partage forcé;

3° La liberté testamentaire.

Chacun de ces régimes a été ou est encore aujourd'hui pratiqué dans quelque pays de l'Europe, il nous sera donc facile de les étudier successivement dans leur origine, leur organisation et leurs conséquences.

On comprend sous le nom de régimes de conserservation forcée toutes les législations dans lesquelles tout ou partie du patrimoine du père de famille se transmet intégralement à un seul héritier désigné par la loi, sans que le défunt puisse changer cet ordre de succession. L'exemple le plus saillant d'un pareil régime est le droit d'aînesse, qui a été en vigueur en France jusqu'à la Révolution de 1789. Mais ce n'est point là le seul régime de conservation forcée. Nous trouvons ici des variétés et des coutumes fort diverses. Ainsi tandis que, dans notre ancienne France, la plus grande portion du patrimoine était réservée à l'aîné des mâles, il est des pays où le droit d'aînesse est absolu, la fortune est dévolue à l'aîné des enfants sans distinction de sexe, et, chose remarquable, ce mode de succéder, qui est en vigueur dans le pays basque, s'est conservé et subsiste encore aujourd'hui, malgré les prescriptions du Code, sur le versant français des Pyrénées (1). D'autres fois,

(1) LE PLAY. — *Réforme sociale.*

c'est, au contraire, le cadet qui est appelé à recueillir
les biens et à continuer la famille tandis que l'aîné
est requis pour le service public, par exemple, pour
le recrutement des armées de terre et de mer.
Enfin, il est des pays ou nous trouvons un système
très curieux. Pour éviter les effets de l'adultère et
pour mieux assurer la transmission simultanée du
bien et du sang, la loi attribue la totalité de la succession aux descendants des filles, de telle sorte, que
le patrimoine du défunt passe, non pas à ses propres
enfants, mais à ses neveux issus de sa sœur aînée (1).

Ces divers régimes de successions se sont conservés
jusqu'à nos jours et sont encore pratiqués dans l'Italie,
la Suède, le Danemark et diverses contrées de l'Alle-
magne et de la Suisse.

Le régime de conservation forcée présente à côté
de graves inconvénients, d'incontestables avantages. Ce
serait, je crois, tomber dans une profonde erreur que de
condamner complètement à cet égard nos anciennes
lois françaises. A côté d'abus que personne ne saurait
nier, le droit d'aînesse a présenté une très grande
utilité pour la formation de l'unité française. C'est
grâce au droit d'aînesse que la France a vu se former
et se maintenir ces grandes familles nobles qui, malgré

(1) LE PLAY. — *Réforme sociale.*

leurs désordres et leur esprit d'insubordination, savaient oublier leurs querelles et venaient se grouper autour de leurs rois, chaque fois qu'un danger menaçait la France. C'est encore le droit d'aînesse qui, au moyen-âge, peuplait nos monastères de ces esprits d'élite qui ont su nous conserver les chefs d'œuvre de la littérature ancienne, et ont été à cette époque de barbarie les seuls apôtres de la civilisation et du progrès. Ne médisons donc pas trop du droit d'aînesse. De pareilles lois ont fait leur temps, elles sont mortes et mortes à jamais ; tenter de les relever serait un acte de folie qui devrait plûtôt exciter notre pitié que notre colère ; mais si le droit d'aînesse n'est plus en rapport avec notre civilisation et nos mœurs, n'oublions pas que c'est en partie à lui que la France a dû dix siècles de gloire.

A côté du droit d'aînesse, nous trouvons, dans les divers pays qui ont adopté la conservation forcée, deux sortes d'institutions ayant des rapports intimes avec ce droit ; je veux parler des majorats et des substitutions. C'est surtout là que se trouve le vice de la conservation forcée, et la cause de son incompatibilité avec nos institutions modernes.

D'ailleurs, Messieurs, personne aujourd'hui ne demande le rétablissement du droit d'aînesse et ceux-là même qui sont les plus ardents à réclamer une réforme de nos lois successorales ont été les premiers à protester de leur horreur pour un pareil régime. Je n'en veux pour preuve que les paroles suivantes de M. Leplay :

« Le régime de conservation forcée est en con-
« tradiction formelle avec la liberté individuelle, c'est-à-
« dire avec le principe sur lequel se fondent aujourd'hui
« des constitutions non moins stables et plus fécondes
« que celles de l'ancien régime. Il est manifeste en
« effet, qu'en autorisant le fondateur d'une fortune
« à établir chez ses descendants un ordre invariable
« de succession, on viole, au détriment de ces derniers,
« le salutaire principe de la libre possession. En
« réduisant le propriétaire à la condition d'usufruitier,
« la conservation forcée tend à affaiblir en principe
« le droit de propriété. Enfin, elle restreint l'autorité
« des pères de famille, en les privant de la faculté
« de récompenser ou de punir; et elle peut par suite
« attribuer de grandes fortunes à des hommes indignes
« de leur situation. »

Le second régime de successions, le partage forcé comprend toutes les législations dans lesquelles la loi fixe d'avance la répartition des biens entre les divers héritiers qu'elle institue, en ne laissant à la disposition du testateur qu'une portion plus ou moins grande de son patrimoine. C'est à ce second type que se rattache la loi qui régit actuellement la France en matière de suc-

2

cessions, et qu'il nous faut maintenant étudier en détail. Mais, pour bien saisir toute l'économie de notre régime successoral, il est indispensable, je crois, d'en connaître l'origine, et pour cela vous me permettrez de jeter un coup d'œil rétrospectif sur les législations diverses qui ont précédé dans notre pays le code de 1804.

Vous savez, Messieurs, qu'avant la révolution de 1789, la France était divisée, sous le rapport de la législation, en deux grandes zones. Au midi se trouvaient ce que l'on appelait les pays de droit écrit, au centre et au nord les pays dits de droit coutumier. Dans les premiers, le régime successoral du droit romain s'était conservé à peu près intégralement. C'est à peine s'il y avait quelques variations entre les diverses provinces dans la quotité de la légitime réservée aux enfants et dans les causes légales d'exhérédation, qui tendaient à se faire de plus en plus rares et qui finirent même par disparaître complétement.

Dans les pays de coutume, nous trouvons, relativement aux successions, des lois fort diverses. On croit généralement que le droit d'aînesse accompagné des majorats et des substitutions était le droit commun de toutes nos provinces du centre et du nord. Il n'en est rien cependant. En réalité, le partage égal des biens entre les fils a été la loi primitive du nord de la France et de l'Angleterre, ce n'est que peu à peu et par le développement

successif de l'organisation féodale que le droit d'aînesse
se répandit et encore ne fût-il jamais appliqué d'une
manière complète que dans quelques provinces. De
nombreuses coutumes du centre, de l'est et du nord de
la France avaient conservé au contraire l'ancien régime
du partage forcé entre tous les enfants sans que le père
de famille pût modifier par sa volonté ces dispositions
de la loi. Dans d'autres provinces, au contraire, le même
principe d'égalité, quoique existant comme loi générale,
se trouvait modifié par la liberté absolue laissée au père
de famille de régler par un testament la transmission et
le partage de ses biens. En l'absence d'une législation
uniforme et par l'effet de l'autorité qu'acquéraient peu
à peu les usages locaux, ces lois diverses avaient pour
cause la nature différente des biens et le plus ou moins
d'intérêt ou de facilité qu'il y avait à les partager ou à les
conserver intacts. Ainsi dans les villes, au sein de la
classe bourgeoise où les fortunes se composaient d'habitations urbaines ou de valeurs mobilières facilement par-
tageables, le principe de l'égalité entre les enfants s'était
à peu près universellement conservé. Il en était de même
pour les pays comme la Champagne où les propriétés
rurales, se trouvant formées de vastes plaines sans haies
ni clôtures, pouvaient aussi se partager aisément. Au
contraire partout où les propriétés rurales se composaient de maisons d'habitations entourées de terres plus

ou moins considérables fermées par des clôtures natu-
relles ou artificielles, le partage devenait difficile et préjudiciable à la culture, et l'attribution à l'aîné avait pré
valu. Ce n'était point d'ailleurs, comme on pourrait le
croire, en faveur des familles nobles seulement que ces
lois avaient été établies, et, dans de nombreuses provinces,
comme dans la Bretagne, dans l'Anjou et dans la
Vendée, la conservation forcée s'appliquait aux
biens roturiers comme aux biens nobles, et les paysans
étaient aussi attachés à cette institution que les seigneurs.

Un premier coup fût porté à la conservation forcée
par une ordonnance de 1747 qui réduisit à deux degrés
l'usage des substitutions. Moins de cinquante ans plus
tard, le droit coutumier tout entier disparaissait devant
le décret du 8 avril 1791, voté par l'Assemblée constituante. A partir de cette époque, nous voyons la législation varier presque chaque année et osciller entre le
principe de conservation d'un côté, et l'égalité absolue de
l'autre. Les lois se succèdent à des intervalles fort rap-
prochés jusqu'à la loi du 18 mars 1857, qui constitue le
dernier monument législatif en cette matière.

Le décret de 1791 supprima le droit d'aînesse et éta-
blit dans toute la France le partage égal entre les enfants,
mais en laissant subsister intacte la liberté testamentaire.
Ainsi, chose digne de remarque, quoique les attaques de
Mirabeau et après lui celles de Robespierre et de Tronchet

eussent surtout été dirigées contre les testaments, le droit
de tester avait cependant résisté; il ne fut supprimé que
par le décret de la Convention nationale du 7 mars 1793.
Mais dès 1800, l'on abandonnait ces prescriptions abso-
lues et, revenant à des idées plus libérales, on rendait au
père la disposition d'une portion, bien faible encore
cependant, de sa fortune.

Enfin, en 1804, intervint le code civil établissant,
comme vous le savez, le partage égal en l'absence de testament et permettant au père de disposer de la moitié, du
tiers ou du quart de sa fortune selon qu'il laisse un, deux,
trois ou un plus grand nombre d'enfants. En même temps
qu'elles établissaient l'égalité absolue de tous les enfants
devant l'héritage du père, les lois de la période républi-
caine supprimaient les majorats et prohibaient toute
substitution. Le code civil, en laissant subsister ces
prohibitions en principe, autorisa cependant la substitution de la quotité disponible, mais au premier degré seulement, c'est-à-dire qu'il permit au père de laisser la quotité disponible à un seul de ses enfants, à la charge pour
celui-ci de la transmettre aux enfants nés ou à naître de
son mariage, mais à la condition que les biens substitués
seraient dévolus à tous les enfants, sans distinction de
naissance, d'âge ou de sexe.

Après l'établissement du premier empire, Napoléon,
voulut attacher à sa personne et à sa dynastie tous ceux

qui avaient concouru à son élévation, et former autour de son trône une noblesse nouvelle. C'est dans ce but que les lois du 30 mars 1806, le Sénatus-Consulte du 14 août suivant et trois décrets en date des 1er mars 1808, 17 mai 1809 et 3 mars 1810 rétablirent les majorats en faveur de divers grands dignitaires de l'Empire.

Le Gouvernement de la Restauration augmenta encore le nombre des majorats, et les ordonnances de 1815, 1817 et 1824, en instituant l'hérédité de la dignité de pair, portèrent que la transmissibilité n'existerait qu'à la condition que les pairs auraient créé des majorats en faveur de leurs descendants appelés à siéger après eux dans la Chambre haute. En même temps, une loi du 17 mai 1826, rétablissait les substitutions telles qu'elles avaient existé depuis 1747 jusqu'en 1789, c'est-à-dire permettait de disposer de la quotité disponible en faveur d'un fils à la charge pour celui-ci de transmettre ces mêmes biens à un ou à plusieurs de ses descendants, mais seulement jusques au deuxième degré.

Sous la monarchie de juillet l'on revint à l'application pure et simple des règles du code civil. Deux lois, du 20 décembre 1831 et du 12 mai 1835, confirmées et complétées plus tard par celles des 17 janvier, 30 avril et 7 mai 1849, abolissent les majorats et rétablissent les prescriptions du code relatives aux substitutions. Cette dernière législation subsiste encore de nos jours. Toutefois une exception y a été apportée. Un majorat a été établi en faveur du maréchal Pélissier duc de Malakoff par une loi du 18 mars 1857.

Ainsi, vous voyez, Messieurs, que depuis 1789, tout en conservant en principe dans nos lois la règle du partage forcé, diverses considérations politiques ont amené plusieurs des gouvernements qui depuis cette époque se sont succédé en France à emprunter au régime de la conservation forcée quelques unes de ses règles. Aujourd'hui il n'est plus question de tout cela. L'institution des majorats est contraire à la fois et à l'égalité et à la liberté. Elle crée dans la société une classe privilégiée et elle prive le père du droit de disposition. Les substitutions étendues au delà des limites posées par le code ne présentent pas moins de danger. Nous devons donc repousser de toutes nos forces le rétablissement d'institutions de cette nature, et d'ailleurs je répète encore une fois, qu'aujourd'hui il n'est pas un légiste sérieux qui puisse songer à une pareille restauration.

Le décret de 1791, vous disais-je tantôt, avait laissé subsister dans toute son intégrité la liberté testamentaire; celui de 1793, au contraire, avait anéanti cette liberté et retiré au père tout droit de disposition. La Révolution était en cela conséquente avec elle-même, et le gouvernement qui avait supprimé la première et la plus nécessaire des libertés civiles, la liberté individuelle, ne pou-

vait pas laisser subsister celle des testaments. D'ailleurs
la Convention nationale voulait détruire tout ce qui rappelait les institutions passées. Pour atteindre ce but, il lui
fallait effacer les traditions de famille, et ruiner au profit
des enfants l'autorité des pères. De même que Constantin,
pour propager le christianisme au sein des vieilles familles
romaines, avait peu à peu émancipé les enfants en réduisant à de justes limites l'autorité paternelle si exorbitante
dans l'ancien droit romain; de même la Convention voulait répandre les principes révolutionnaires parmi les
jeunes générations sans que la puissance paternelle put
venir lui faire obstacle. Mais une loi aussi oppressive ne
pouvait durer longtemps, elle ne survécut guère au gouvernement dictatorial qui l'avait établie et déjà sous le
directoire on s'empressait de rendre aux pères de familles
une portion de leur liberté.

C'est en cet état que les rédacteurs du code Napoléon
trouvèrent la législation successorale. Qu'avaient-ils à
faire? Revenir au régime ancien? nul n'y songeait, c'était
impossible. Adopter les principes de la Convention, on ne
le pouvait pas davantage; pendant les quelques années
qu'avait vécu un pareil régime, on en avait trop senti les
inconvénients et les vices. Il ne restait donc qu'à prendre
un moyen terme, et à établir un système qui conciliât le
respect de la liberté individuelle, avec le principe de l'égalité civile et l'intérêt sacré des enfants. C'est ce qu'a fait

le code. Je vous disais tout à l'heure que ce qu'il faut rechercher avant tout pour établir une loi successorale, c'est la situation politique d'un pays, ce sont ses mœurs et ses habitudes en même temps que les principes de justice et d'équité. Quelle était donc en 1804 la situation de la France? La France, à cette époque, était enfin sortie de cette période de despotisme et de crimes qui avait pendant si longtemps ensanglanté son sol. On cherchait alors à réparer les fautes passées, tout en conservant le bénéfice des libertés dont la conquête avait coûté si cher. Les abus du droit d'aînesse étaient encore présents à tous les esprits; les priviléges, les distinctions de caste, d'âge ou de sexe avaient fait leurs temps, on n'en voulait plus à aucun prix. Le principe de l'égalité civile était partout proclamé comme la base nécessaire de nos lois, les rédacteurs du code ne pouvaient que l'appliquer à leur loi successorale. De là l'ordre de succession *ab intestat* établissant le partage égal entre tous les enfants. D'un autre côté, les principes de liberté exigeaient que le père eût la disposition de ses biens et l'on voulait respecter ces principes. Mais était-ce une raison pour qu'on le laissât libre de disposer de la totalité de sa fortune? De même que le droit de propriété n'est point absolu, de même le droit de tester peut-être limité par les nécessités sociales, et d'ailleurs, il faut bien le reconnaître, à cette époque on avait tellement pris en haine les priviléges et les castes que l'on tenait encore plus à l'égalité qu'à la liberté et que, dans une lutte entre ces deux principes, le second devait forcément succomber. De là le partage du patrimoine en deux portions, la quotité disponible et la réserve, celle-ci variant avec le nombre des enfants.

Ainsi quelque critique que mérite notre loi successorale, en supposant qu'elle ne soit plus aujourd'hui, comme on le prétend, en rapport avec nos mœurs, il n'en reste pas moins certain que lors de la rédaction du code, elle était la seule qui pût être acceptée, et qu'elle répondait aux idées sociales et aux besoins de la très grande majorité du peuple Français.

Il nous reste maintenant à examiner le troisième et dernier des régimes successoraux, celui de la liberté testamentaire. Le point capital de ce régime consiste en ceci : le père de famille peut, quel que soit le nombre de ses enfants, disposer absolument de la totalité de sa fortune, soit en faveur d'un seul de ses enfants au détriment des autres, soit en faveur d'un étranger en déshéritant complètement ses enfants. Quant aux règles qui devront ici régler la répartition des biens en l'absence d'un testament, elles varient selon les pays et selon les législations. La liberté testamentaire ainsi prise à un point de vue absolu a été adoptée par deux grandes nations ayant eu la même origine, l'Angleterre et les Etats-Unis d'Amérique.

En Angleterre à côté du droit absolu de tester, nous trouvons, en cas de succession *ab intestat*, le droit d'aînesse. En Amérique, au contraire, le droit d'aînesse, qui existait primitivement, fut aboli à l'époque de l'affranchissement des Etats-Unis, sur l'avis de Jefferson et malgré les efforts de Washington; il fut remplacé par le partage égal entre tous les enfants.

Le régime de la liberté testamentaire est certainement celui qui respecte le plus la liberté individuelle. Il a été considéré par les peuples qui l'ont adopté comme la conséquence naturelle du droit de propriété et de la liberté de possession.

Tels sont, en résumé, Messieurs, les divers régimes de successions. Vous me pardonnerez, je l'espère, les détails un peu longs de cet exposé; il était, je crois, indispensable de les connaître pour arriver à repousser les attaques qui sont dirigées aujourd'hui contre les principes du code Napoléon; attaques injustes, je ne crains pas de le dire dès à présent. Ce n'est pas que je prétende que notre loi successorale est parfaite, et je vous indiquerai tout à l'heure les réformes qui, à mon avis, devraient y être apportées; mais je suis persuadé que les principes sur lesquels repose notre législation, l'égalité entre les enfants dans la succession *ab intestat,*

leur droit à une réserve en cas de testament, doivent
être religieusement conservés comme le fondement
nécessaire de notre régime successoral.

Nous pouvons maintenant examiner en détail les
objections que l'on nous oppose et étudier de près les
conséquences de ce régime de la liberté testamentaire
que l'on voudrait substituer à celui du code.

L'obligation imposée au père de laisser au moins
une partie de sa fortune à tous ses enfants est contraire,
nous dit-on, au principe de la liberté individuelle et
au respect du droit de propriété; en pratique elle
apporte un obstacle invincible aux progrès de l'agriculture, du commerce et de l'industrie; en outre,
elle produit, dans la famille, la stérilité; dans l'Etat, la
dépopulation; elle détruit le prestige de l'autorité paternelle et elle encourage l'oisiveté des enfants en privant
le père du droit de punir et de récompenser. On
ajoute que les peuples les plus prospères et chez lesquels
la liberté civile se trouve arrivée à son plus grand
développement sont précisément ceux qui, repoussant
toute loi de contrainte en cette matière, laissent au
père le droit de disposer d'une manière absolue de tout
son patrimoine. Reprenons successivement chacune de
ces objections.

L'établissement d'une réserve indisponible, dit-on, en
premier lieu est la violation de la liberté individuelle.

Sans doute, Messieurs, ce reproche serait fondé s'il était possible d'établir dans un pays quelconque la liberté absolue. Mais qui pourrait le soutenir sérieusement? Ne voyons-nous pas chaque jour cette liberté restreinte par les nécessités sociales et surtout par le respect de la liberté d'autrui?

« Je vous en supplie, » disait à ce sujet Monsieur Frank dans une remarquable conférence faite à la Sorbonne, « Je vous en supplie, ne vous laissez pas « séduire par une pareille chimère et lorsqu'on voudra « défendre devant vous, dans quelque ordre de fait que « cela puisse être, la liberté absolue, dites que ceux « qui tiennent un semblable langage sont des sophistes « ou des fous, ennemis de la liberté véritable, la seule « possible en ce monde. La liberté individuelle absolue! « Comment le serait-elle? Elle est limitée nécessai- « rement dans chacun de nous par la liberté de nos « semblables, par les sacrifices que l'Etat est en droit de « lui demander pour la défense de la liberté commune « et de la commune sécurité. Est-ce que vous êtes libres « sous les armes, quand vous payez à votre patrie la dette « du service militaire? Est-ce que vous êtes libres de « refuser l'impôt? Est-ce que vous êtes libres au sein « d'une grande ville d'exercer une profession qui porte « atteinte à la santé, à la sécurité ou au repos de vos « semblables? Si vous étiez libres de faire cela, les

« autres cesseraient de l'être, votre liberté à vous serait
« la servitude de vos semblables. Le nom de la liberté
« individuelle ne peut donc pas être invoqué en faveur
« de la liberté absolue de tester, car les conséquences
« ne peuvent pas être plus grandes que le principe
« lui-même.

Quant à l'objection tirée du respect du droit de propriété, on y fait une réponse identique. Le droit de
propriété, quelque respectable qu'il soit, peut-il, lui aussi,
être absolu? N'est-il pas soumis à des restrictions nécessaires? En principe, le propriétaire a la libre disposition de sa chose, nul ne peut le forcer à s'en dessaisir
contre sa volonté, et cependant la loi ne l'en dépouille-
t-elle pas dans l'intérêt de tous pour la construction d'une
voie nouvelle ou d'un édifice public? Et le législateur,
qui a pu établir l'expropriation pour cause d'utilité publique dans un but et pour des intérêts purement maté-
riels, ne le pourrait pas, lorsqu'il s'agit de sauvegarder
les intérêts bien plus graves et bien plus précieux de la
famille! Sans doute, ce n'est point la loi qui a donné au
propriétaire le droit de disposer de sa chose au moment
de sa mort, ce droit, il le tient de la nature même; c'est
une conséquence forcée du droit de propriété, mais si ce
droit de propriété n'est point absolu, pourquoi le droit
de disposition le serait-il? Il n'est aucun droit au
monde qui n'ait pour corrélatif nécessaire un devoir. Le

corrélatif du droit de tester, c'est le devoir d'assurer après nous, avec une égale sollicitude pour tous, le sort de ceux qui nous doivent l'existence. Ce n'est donc point porter atteinte au droit de tester, c'est au contraire l'affirmer davantage et lui donner plus de force que d'en subordonner l'exercice à l'accomplissement de ce devoir sacré.

Nous arrivons maintenant à l'objection la plus grave que l'on puisse faire à notre régime de successions : l'obstacle apporté au progrès de l'agriculture. Il est certain que le partage forcé entraîne souvent le morcellement indéfini des terres et que ce morcellement peut apporter un obstacle à la culture. J'espère cependant n'avoir pas de peine à établir d'abord que le morcellement, résultat du partage forcé, peut aider souvent à la reconstitution des grandes propriétés, et, en second lieu, que, si ce morcellement peut quelquefois être préjudiciable à la culture, il présente d'un autre côté des avantages tellement considérables qu'ils contrebalancent et au delà ces inconvénients.

Lorsqu'un propriétaire foncier, nous dit-on, vient à mourir en laissant plusieurs enfants, sa propriété doit, aux termes de la loi, ou bien se partager en nature ou bien se vendre. Cette perspective, qui se présente à la pensée du propriétaire, l'empêche d'entreprendre sur sa terre aucune amélioration, parce que ces améliorations ne produisant leur effet et ne donnant un bénéfice qu'après un certain laps de temps quelquefois fort long, le propriétaire n'a aucun intérêt à faire une dépense qui ne doit profiter ni à lui ni à ses enfants. En outre, lors du décès, si les enfants se partagent les terres en nature, chaque parcelle deviendra insuffisante pour permettre une exploitation rémunératoire, et notamment l'emploi des machines et moyens mécaniques qui constituent, avec moins de frais, un meilleur mode de culture, mais qui n'est possible que dans les grandes propriétés. Si les enfants préfèrent vendre la propriété, elle ne pourra pas, en général, être acquise en totalité par un seul d'entre eux et elle passera entre les mains d'étrangers. De là l'impossibilité pour les enfants de continuer les traditions de la famille et de profiter des peines et des labeurs de leur père.

Voilà, si je ne me trompe, l'objection formulée dans toute sa force. Tout d'abord, je réponds que le bénéfice des améliorations ne sera point perdu pour les enfants, parce que la propriété aura acquis, par le fait de ces améliorations, une plus value et le prix de vente s'en trouvera augmenté.

Quant au morcellement indéfini, je ne crois pas qu'il entraîne toujours l'anéantissement de la grande propriété. Le plus souvent, en effet, par le fait même de ce morcellement, les enfants se trouveront dans la nécessité de vendre les diverses parcelles et ces parcelles viendront

se joindre aux propriétés environnantes et constitueront
à leur tour de grandes exploitations agricoles. Mais, dit-on,
il est des pays où, vu l'absence de communications ou le
peu de fertilité du sol, il sera presque toujours impossible de vendre ainsi ces parcelles. Mais alors la faute en
est-elle au partage forcé? Croyez-vous, si le sol est infer-
tile ou si vous n'avez pas les chemins nécessaires à l'exploitation, qu'un grand propriétaire réussira mieux que
ne le font les petits? C'est donc ailleurs, dans ce cas, qu'il
faut chercher la cause du peu de progrès de la culture.
Etendez le réseau de nos chemins de fer, créez des dé-
bouchés aux produits du sol, terminez enfin ces fameux
chemins vicinaux, dont on a beaucoup parlé depuis quelque temps, et vous verrez bientôt l'agriculture se relever
dans les pays aujourd'hui les plus stériles.

Et d'ailleurs, est-il bien vrai que les grandes propriétés
soient toujours celles qui produisent le plus? Sans doute,
l'élevage des bestiaux, ou bien de grands travaux de des-
séchement, de drainage ou d'irrigation ne peuvent être
faits que par les grands propriétaires qui ont seuls à leur
disposition les capitaux nécessaires; mais pour ce qui est
de la culture proprement dite, croyez-vous que le paysan
propriétaire, qui n'a que quelques arpents de terre auxquels il consacre toutes ses sueurs et tout son travail,
n'en tire pas un profit aussi considérable que l'on en tire-
rait si cette parcelle se trouvait perdue au milieu d'une
grande propriété ?   3

Ce n'est donc point dans le partage forcé qu'il faut chercher la cause principale de la décadence de notre agriculture. Etait-elle donc plus prospère sous l'empire de la conservation forcée, alors que quelques grandes familles seigneuriales se partageaient le sol de la France, dont la moitié au moins était en friche?

Tout en reconnaissant que le partage forcé peut, en certains cas, nuire au développement de l'agriculture, il faut chercher ailleurs la véritable cause de cette décadence qui n'est que trop réelle. Cette cause, c'est ce que l'on a appelé l'*absentéisme*, c'est le développement de la propriété mobilière et la faveur exagérée dont elle jouit, tandis que la propriété immobilière est ruinée par les impôts; c'est ce courant irrésistible qui entraîne aujourd'hui vers les grandes villes et les capitaux et les bras; c'est là qu'est la véritable plaie de l'agriculture; c'est là qu'est le mal; c'est là qu'il faut chercher le remède. Les partisans les plus acharnés de la liberté testamentaire sont eux-mêmes obligés d'en convenir.

« Les mœurs privées, dit M. Leplay, s'opposent pres-
« que autant que les lois à la conservation des familles
« agricoles, et le principal obstacle se trouve dans le goût
« du luxe communiqué aujourd'hui à la société tout en-
« tière par la classe riche la plus influente. Cette impul-
« sion se propage surtout par les jeunes gens et par les
« femmes qui, ne pouvant trouver que dans les villes la

« satisfaction de besoins compliqués, refusent désormais
« de se plier aux habitudes simples de la vie rurale. Par
« suite de cette tendance, qui se manifeste de plus en plus
« chez les filles issues de familles riches, tout homme dis-
« tingué par sa situation sociale, par sa fortune acquise,
« ses talents et ses premiers travaux, qui n'aura que le
« choix des meilleures alliances s'il se livre à une profession
« urbaine et encore mieux à l'oisiveté, sera généralement
« repoussé s'il annonce l'intention de fonder ou de diri-
« ger un domaine rural. Cette propension presque ex-
« clusive des filles exercera sur notre constitution sociale
« une influence fatale, tant qu'une nouvelle direction ne
« sera pas imprimée aux esprits par les classes diri-
« geantes.

« Une autre cause de la désertion de nos plus belles
« campagnes, c'est la fausse opinion qui, nonobstant le
« langage conventionnel des littérateurs et des fonction-
« naires publics, classe, en fait, l'agriculture au dernier
« rang des professions. Les pères de famille qui, à la faveur
« de certaines conditions spéciales, réussissent à s'enri-
« chir dans plusieurs de nos districts ruraux, subissent
« eux-mêmes cette influence de l'opinion : n'ayant point
« conscience de leur propre dignité, ils croient relever
« la situation sociale de leurs enfants en les engageant
« dans tout autre carrière ; leur préoccupation princi-
« pale est de leur donner ces professions bourgeoises

« qui continuent de notre temps l'ancien régime des
« charges vénales, ou de les établir dans les situations
« dites libérales, fondées sur la culture du droit, de la
« médecine, des lettres, des sciences et des arts.

« A ces causes de découragement et de désorganisation,
« si fatales aux possesseurs de domaines ruraux, viennent
« se joindre celles qui naissent de l'instabilité actuelle
« de leurs rapports avec les ouvriers qu'ils emploient en
« qualité de domestiques ou de salariés. Ces ouvriers,
« en effet, sont placés eux-mêmes sous l'influence des
« propensions funestes et des fausses opinions qui pèsent
« sur la société tout entière : ils sont attirés dans les villes
« par les avantages qu'on y accumule depuis deux siècles
« et maintenant plus que jamais; et ils croient d'ailleurs
« s'élever dans la hiérarchie sociale en abandonnant le
« travail de la terre. »

Je vous demande pardon, Messieurs, de cette longue
citation; mais j'ai cru ne pouvoir mieux faire que de laisser M. Leplay se réfuter lui-même, et vous montrer ainsi
combien on avait exagéré les effets de notre loi successorale, en n'attribuant qu'à elle seule la décadence de l'agriculture. La cause principale de cette décadence, cause
dont M. Leplay ne parle pas, ce sont les impôts qui aujourd'hui pèsent si lourdement sur la propriété foncière.
Ces charges sont si grandes dans certaines contrées, et
notamment dans l'île de la Camargue, qu'elles dévorent à

peu près tous les revenus. D'un autre côté, le rendement exagéré des valeurs mobilières a depuis longtemps emporté vers les villes les capitaux, et la fondation des caisses qui n'ont d'agricoles que le nom, n'a été qu'un palliatif insuffisant contre un pareil mal.

Quant au morcellement, je conviens encore une fois qu'il peut nuire à la culture, mais j'ajoute qu'il rachète cet inconvénient par un inestimable avantage : il augmente le nombre des propriétaires.

« Oui, s'écriait il y a deux ans au Corps législatif l'un
« des éminents députés de Marseille, oui, je sais bien qu'il
« y a en effet quelques observations à faire sur la grande
« division des propriétés, sur le grand morcellement des
« propriétés immobilières, je sais qu'il pourra y avoir là,
« avec le temps surtout, des dangers auxquels il faudra
« peut-être remédier un jour, mais d'un autre côté, est-ce
« qu'en face de ces dangers il n'y a pas de grands avantages?
« Est-ce que le morcellement de la propriété ne fait pas
« qu'aujourd'hui cette propriété se trouve entre les mains
« de plus de huit millions de propriétaires? Il y a de gros
« propriétaires, il y en a de petits, mais même ces petits
« propriétaires qui ont grand'peine à payer leurs impôts,
« même ces petits propriétaires qui ne payent que des
« impôts insignifiants, ne sont-ils pas attachés au sol
« qu'ils possèdent? Savez-vous ce qui se passe en effet
« lorsqu'ils ont terminé leurs travaux de journées néces-

« saires à l'alimentation de leurs familles ou de leurs
« personnes? Alors ils s'exercent sur ces champs qu'ils
« cultivent avec amour et ils dépensent au profit du sol,
« quand leur vie journalière, leurs fatigues de chaque
« jour leur laissent quelque repos, tous les loisirs qu'ils
« iraient livrer au cabaret, n'est-ce rien cela?

« Non, non, Messieurs, la possession du sol n'est pas
« une vaine chose; elle n'est pas seulement une source
« de bien-être, une heureuse alliance entre la très-mo-
« deste industrie du travailleur et la très-petite propriété
« qu'il possède, elle est aussi une garantie de moralité.
« La division de la propriété a des inconvénients, soit;
« mais elle a des avantages qui les compensent et je
« m'en réjouis de toutes les forces de mon âme. »

Ce n'est pas, continuent les adversaires du code, seulement l'agriculture qui souffre de la division des fortunes,
c'est aussi le commerce, c'est l'industrie, sans qu'aucun
avantage vienne ici contrebalancer cet immense inconvénient. Voyez en effet ce qui se passe à la mort d'un grand
industriel ou du chef d'une importante maison de commerce, s'il laisse plusieurs enfants. Par l'effet du partage
égal, aucun d'eux ne se trouvera en général assez riche
pour se charger seul de continuer l'œuvre de son père;
il faudra encore en venir à une vente, et de longues années peut-être seront perdues sans profit ni pour la famille ni pour la Société; et pour donner plus de force à

ce raisonnement, on le corrobore par l'exemple des deux nations qui ont adopté la liberté testamentaire et chez lesquelles le commerce et l'industrie se sont élevés au plus haut degré, l'Angleterre et les Etats-Unis.

Ici, Messieurs, ma réponse sera plus formelle. Je nie absolument cet effet de notre droit successoral. Non, l'égalité des partages ne nuit point au développement du commerce et de l'industrie ; bien au contraire, elle aide à ce développement. Supposons, en effet, que le chef d'un grand établissement industriel ou commercial ayant plusieurs enfants vienne à mourir, laissant son établissement tout entier à un seul de ses enfants. Que va-t-il se passer le plus souvent ? Cet enfant privilégié se voyant riche, s'empressera de réaliser sa fortune par la vente de cet établissement, afin de jouir tranquillement et sans souci des revenus que le travail de son père lui aura procurés. Quant à ses frères, dépouillés de tout, incapables, faute de mises de fonds suffisantes, d'entreprendre à leur tour des opérations de commerce ou de fonder un établissement industriel, ils seront rejetés vers les professions libérales ou vers les emplois publics qui n'exigent aucune fortune préalable. Supposons, au contraire, que le père de famille ait laissé à chacun de ses enfants des parts égales, alors, ou bien les enfants vont s'associer, unir leur fortune et leur travail et continuer ensemble l'œuvre de leur père, c'est ce qui se verra le plus souvent, et c'est ce principe fécond de l'association qui donnera naissance aux établissements commerciaux ou industriels les plus prospères ; ou bien, si les enfants ne peuvent s'entendre, chacun d'eux, muni cette fois d'un capital suffisant, pourra créer à son tour un nouvel établissement qu'il transmettra à sa propre descendance. Voilà, Messieurs, le résultat des deux législations, et je vous le demande maintenant, laquelle vous semble devoir le mieux servir les intérêts du commerce et de l'industrie?

D'ailleurs, pour être convaincu de l'inanité de pareilles attaques, avons-nous même besoin de raisonnements? Ne nous suffit-il pas de jeter les yeux autour de nous? Serait-ce, dans notre grande cité phocéenne, au milieu de cette active population de commerçants et d'industriels, que l'on pourrait soutenir que la loi successorale de notre France a tué le commerce et l'industrie? Depuis que Marseille existe, son commerce n'a fait que s'étendre et grandir chaque jour. De toutes parts, nous voyons s'élever autour de nous de vastes usines d'où sortent des produits de toute espèce, et cependant avons-nous jamais été régis par cette liberté testamentaire que l'on voudrait nous imposer? Loin de là, Messieurs, Marseille bien avant la révolution de 1789 avait adopté le principe de la réserve et de l'égalité des enfants. C'est sous l'empire de cette législation qu'elle a grandi et qu'elle s'est développée; c'est en la conservant précieusement qu'elle arrivera un jour à être la reine sans rivale du commerce européen.

Examinons maintenant quelle est la situation de l'Angleterre et des Etats-Unis dont on nous présente la prospérité commerciale et industrielle comme le résultat de la liberté testamentaire.

En Angleterre, nous trouvons d'un côté la liberté testamentaire absolue, et de l'autre, à défaut de testaments, la dévolution de la presque totalité de la fortune à l'aîné. Quels résultats a produits une pareille législation? Vous prétendez que c'est elle qui a développé le commerce et l'industrie anglaise. Pour ma part, je ne le crois pas. Ce qui a fait la prospérité commerciale de l'Angleterre, c'est avant tout sa situation géographique, c'est l'aptitude spéciale du peuple anglais pour tout ce qui touche à la navigation. Ce qui a créé son industrie, c'est la richesse de son sol en houilles et en minerais de toute nature, c'est aussi la patience et l'esprit de recherche qui forment le fonds du caractère de ce peuple, qui lui ont permis d'arriver à un si haut degré dans le perfectionnement des machines. Voilà les véritables causes de la grandeur commerciale et industrielle de l'Angleterre. Quant aux effets de sa législation, voulez-vous les connaître? C'est elle qui a donné naissance à cette orgueilleuse aristocratie, dont je ne veux point méconnaître les services, mais qui a toujours fait peser le despotisme le plus absolu sur les basses classes, qui aujourd'hui encore fait tous ses efforts pour lui refuser la première des libertés politiques, la liberté électorale ; cette aristocratie qui, par ses exactions, a été la cause première de cette immense conspiration que nous avons vue naître il y a quelques années, dont les réseaux s'étendent sur le monde entier et qui amènera certainement un jour ou l'autre pour l'Angleterre quelque grande catastrophe.

C'est encore à sa législation que l'Angleterre doit cette épouvantable plaie du paupérisme qui la ronge et qui va grandissant chaque jour, sans qu'il soit possible d'y trouver un remède.

Et c'est une pareille législation que l'on voudrait importer en France. Oh non, Messieurs, la France ne le veut pas, la France ne le voudra jamais !

Les Etats-Unis ne nous offrent point une preuve plus convaincante des bienfaits de la liberté testamentaire au point de vue industriel et commercial. Ici, en effet, nous trouvons la liberté testamentaire, mais combinée avec l'égalité des partages dans la succession *ab intestat*. Or, en présence de cette législation, que se passe-t-il ? C'est que, les mœurs valant mieux que la loi, c'est que, les idées d'égalité dont les citoyens de l'Amérique sont profondément imbus réagissant contre la tendance qui porterait les pères de famille à abuser de cette liberté, il en résulte que chacun laisse à la loi le soin de régler à son décès la répartition de ses biens, et qu'en fait, le partage égal entre tous les enfants est le mode de succession suivi par la très-grande majorité des citoyens. Et alors vous voyez, Messieurs, ce que devient l'argument. La prospé-rité commerciale de l'Amérique, loin de militer en faveur du régime de la liberté testamentaire, devient une preuve de plus en faveur de la loi qui nous régit. S'il est vrai, et c'est M. Leplay lui-même qui le dit, qu'aux Etats-Unis, la très-grande majorité des pères de famille partagent éga-lement leur fortune entre tous les enfants, c'est donc que ce partage ne nuit point au progrès du commerce et de l'industrie, et c'est ailleurs que dans la liberté testamen-taire qu'il faut chercher les causes de cette prospérité commerciale qui nous fait justement envie. Ces causes, elles sont multiples, mais la principale de toutes, c'est cet esprit d'association qui est développé à un si haut point chez les Anglo-Saxons du nouveau monde. « Les « Américains de tous les âges, nous dit M. de Tocqueville « dans son remarquable ouvrage *De la Démocratie en* « *Amérique*, les Américains de tous les âges, de toutes les « conditions, de tous les esprits, s'unissent sans cesse. « Non-seulement ils ont des associations commerciales « et industrielles auxquels tous prennent part, mais ils « en ont de mille autres espèces. S'agit-il enfin de met- « tre en lumière une vérité ou de développer un senti- « ment par l'appui d'un grand exemple, ils s'associent. « Partout où, à la tête d'une entreprise nouvelle, vous « voyez en France le gouvernement et en Angleterre un

« grand seigneur, comptez que vous apercevrez aux
« Etats-Unis une association. »

C'est donc cet esprit d'association qu'il faut développer
chez nous, si l'on veut que nous puissions lutter
avec avantage contre nos rivaux. D'ailleurs, aujourd'hui
le mouvement est donné : nos grandes compagnies de
navigation, ces magnifiques usines métallurgiques dont
l'une, celle du Creuzot, a vu naguère l'Angleterre venir
lui demander les machines à vapeur de ses chemins de
fer, sont le résultat de l'essor imprimé à l'association,
essor qui va en se développant chaque jour de plus
en plus.

S'il était besoin d'insister encore, je pourrais vous montrer la Hollande dont, pendant de longues années, la
prospérité commerciale n'a cédé en rien à celle de l'Angleterre et qui jamais n'a vu dans ses lois la liberté absolue de tester. Je pourrai vous montrer encore la Belgique,
ce pays de la vraie liberté, dont la prospérité industrielle
est arrivée si haut aujourd'hui, et cela, sous l'égide du
principe de l'égalité successorale. Mais je m'arrête, Messieurs, je crois la réfutation suffisante et je ne veux pas
fatiguer votre attention en insistant davantage sur ce point.

Nous arrivons maintenant à des attaques d'un autre
ordre que l'on dirige contre notre régime successoral ;
ce sont, ce que j'appellerai des objections morales.

Le partage forcé amène la stérilité systématique des mariages. Je vous avouerai, Messieurs, que je n'ai jamais bien compris une pareille objection. Croyez-vous qu'il y ait aujourd'hui en France beaucoup de pères de famille dont l'orgueil soit poussé à un point assez ridicule pour qu'ils se résignent systématiquement et de parti-pris à n'avoir qu'un seul héritier, afin de lui laisser une fortune suffisante pour soutenir l'éclat de son nom. Pour ma part, je ne le crois pas, et d'ailleurs, cela fût-il, le législateur n'aurait pas à s'en préoccuper.

A l'appui de cet argument, on nous signale le peu de progrès de la population française comparé aux progrès considérables que fait au contraire la population dans certains pays. Il n'entre pas dans le cadre de ce travail de rechercher et d'étudier les causes multiples de cette dépopulation, qui n'est malheureusement que trop réelle, il nous suffira d'établir qu'elle n'est point due à notre législation testamentaire et qu'au contraire elle ne ferait qu'augmenter par l'établissement de la liberté absolue de tester. Il est aisé de comprendre en effet, que si la fortune de la famille est attribuée tout entière à un seul des enfants, celui-là seul sera dans les conditions d'un bon établissement. Quant aux autres, réduits à un pécule insignifiant, ils ne pourront pas et ils ne devront pas se marier. Avec le partage égal, au contraire, chaque enfant sera muni d'un capital suffisant pour s'établir et;

au lieu d'un seul mariage dans la famille, vous en aurez deux, trois, quatre..... et quelque féconde que vous supposiez l'union de l'enfant privilégié (laquelle peut-être stérile), jamais elle ne donnera à l'État autant de citoyens que lui en donneront toutes les autres. C'est là, Messieurs, une considération tellement simple, tellement évidente qu'on ne comprend vraiment pas comment elle n'a point frappé ceux qui ont voulu voir, dans la dépopulation qui se fait sentir en France depuis quelques années, le résultat de notre loi successorale.

Enfin, on nous oppose encore l'affaiblissement de l'autorité paternelle, résultat de l'impossibilité où se trouve le père de retenir ses enfants dans le devoir, par la menace d'une exhérédation ou la promesse d'un avantage. Mais ne semble-t-il pas en vérité que le père est complètement dépouillé du droit de récompense? Sans doute une pareille critique pouvait être faite avec toute raison au décret de 1703, qui privait le père de tout droit de disposition, mais peut-elle l'être au régime du code? La loi ne laisse-t-elle pas à sa disposition dans certains cas la moitié ou le tiers et toujours au moins le quart de sa fortune? Et d'ailleurs, croyez vous que l'appât d'une plus grande richesse soit un bien bon moyen d'éducation? C'est ailleurs encore que dans la loi successorale, qu'il faut chercher la cause de cet affaiblissement de l'autorité paternelle. C'est dans la démoralisation qui a peu à peu envahi toutes les classes de la société; c'est dans ces écrits nombreux par lesquels des auteurs imprudents ou coupables ne cessent de pousser les jeunes générations à la révolte contre tout principe d'autorité. Une réforme de notre législation serait sans effet contre un pareil mal et c'est plus haut qu'il faut aller chercher le remède.

J'ai répondu, je crois, Messieurs, à tous les arguments que l'on a fait valoir contre notre code. Il ne me reste plus qu'à vous signaler en quelques mots les inconvénients de la loi que l'on voudrait substituer à celle qui nous régit et à vous indiquer quelles sont les réformes qui, à mon avis, seraient nécessaires pour que notre droit successoral ne donnât plus aucune prise aux attaques.

On voudrait, vous le savez déjà, effacer de nos codes la division du patrimoine en quotité disponible et réserve, et laisser au père la liberté absolue de disposer de toute sa fortune au profit de qui il voudrait. Quel serait alors le mode de distribution du patrimoine lorsque le père de famille n'aurait pas fait de testament! Ici les adversaires du code ne sont plus d'accord. Les uns, et ce sont certainement les plus raisonnables, voudraient adopter en entier la législation des Etats-Unis et laisser subsister en ce cas le partage égal entre tous les enfants. Avec un pareil régime, la réforme que l'on demande serait certainement sans utilité, mais elle pourrait ne pas présenter un grand danger. Il se passerait en France ce qui s'est passé aux États-Unis. La force de l'opinion publique et des habitudes, en même temps que le développement et le progrès des principes égalitaires, rendraient de plus en plus rare l'usage de cette liberté, et le partage égal continuerait à être la base de la presque totalité des successions. Mais il suffirait d'un seul abus pour que cette concession fût regrettable. Il y a quelques jours, je lisais dans le *Moniteur*, qu'un vieillard de 90 ans, après avoir vécu dans la gêne, venait de mourir laissant une fortune de plus d'un million qu'il léguait aux hospices de sa ville natale. Il laissait cependant dans la misère un neveu et un frère âgé de 80 ans qui était obligé de travailler encore pour soutenir son existence. En présence de pareilles dispositions, quelque respect que l'on professe pour la dernière volonté d'un mourant, loin de souhaiter l'extension de la liberté des testaments, on se prend à regretter qu'il n'existe pas une réserve même en faveur des parents collatéraux.

D'autres économistes voudraient une réforme plus radicale. Dans leur système, non-seulement le père de famille serait libre de créer par un testament formel, un héritier privilégié, mais encore la preuve de ses intentions à cet égard pourrait, au cas où il mourrait sans tester, résulter de certaines circonstances.

Ainsi, le père choisirait parmi ses enfants celui qu'il

reconnaîtrait le plus apte à continuer l'œuvre de la famille, il l'associerait à ses travaux, et, par cela seul, cet enfant privilégié se trouverait investi au décès de son père de tous les biens se rattachant à l'exercice de la profession ou de l'industrie paternelle. Quant aux autres enfants, ils se partageraient les autres biens. Que si ces autres biens se trouvaient, comme cela arrivera souvent, nuls ou à peu près, ils n'auraient rien ; mais on leur permettrait de se mettre au service de leur frère tout puissant qui, après les avoir dépouillés, deviendrait leur maître ; puis, comme il faut à tout dévouement une récompense, les enfants déshérités pourraient devenir les confidents de leurs neveux et nièces ! — En vérité, Messieurs, on reste confondu, lorsqu'on voit présenter de pareilles lois comme le triomphe de la liberté civile ! Vous voyez cette famille pliée sous le joug d'un frère, qui sera peut-être le moins intelligent et le moins digne d'intérêt, parce qu'il aura su capter la confiance d'un père abusé. Vous voyez ces hommes n'ayant rien qui leur appartienne en propre, travaillant pour le plus grand profit de leur seigneur et maître et devant encore s'estimer heureux qu'il daigne les laisser devenir les confidents de ses enfants ! et l'on nous dit qu'une pareille situation peut seule rendre aux enfants le respect de l'autorité paternelle et l'amour du foyer domestique ! Oh non, Messieurs, une pareille loi, s'il était possible qu'elle fut écrite un

4

jour dans nos codes, serait certainement la ruine de ce qui peut subsister encore de ce respect et de cet amour.

Si vous laissez au père un pouvoir absolu, vous allez voir se renouveler les scandales qui déshonoraient la société ancienne. Tandis que les enfants les plus recommandables et les plus dignes d'intérêt s'en iront au loin servir leur patrie, vous aurez auprès du père un cœur bas et vil dont l'unique souci sera de dépouiller ses frères et qui, pour arriver à ses fins, ne reculera devant rien. La liberté testamentaire ainsi comprise soulèverait dans les familles entre les frères plus de jalousie et de haines que n'en firent jamais naître les abus les plus criants des majorats et du droit d'aînesse. La liberté testamentaire, a écrit M. Leplay, ne saurait être imposée aux peuples qui la repoussent : ne cherchez donc pas à l'importer en France, parce que la France n'en veut pas !

Mais ce n'est pas tout. Comment une pareille loi répondrait-elle à toutes les nécessités de la pratique. Si le père de famille, plus juste que la loi, a associé tous ses enfants à ses travaux, quel sera l'héritier privilégié ? En laisserez-vous le choix aux tribunaux ? ou bien l'abandonnerez-vous aux hasards d'un tirage au sort ? Et si, au contraire, le père n'a associé aucun de ses enfants à ses travaux, s'ils sont tous mineurs, ou bien s'il n'a point d'industrie, comment répartirez-vous la fortune ?

Je ne veux pas insister davantage sur les difficultés

d'un pareil régime. Assez de considérations d'un ordre
supérieur s'élèvent déjà contre lui. Mais l'on peut dire
qu'il n'est pas un des reproches que l'on adressait au
Code Napoléon qui ne puisse, avec plus de raison, lui être
adressé. La liberté testamentaire ainsi exagérée viole de
la manière la plus flagrante et le principe de liberté et
celui d'égalité. Loin d'aider au rétablissement du respect
de l'autorité paternelle, elle en serait la ruine. Elle aug-
menterait la dépopulation, elle serait encore plus nuisi-
ble qu'utile aux progrès du commerce et de l'industrie.
C'est à peine si elle pourrait présenter quelques avantages
pour l'agriculture, avantages qui seraient anéantis par
d'incalculables inconvénients.

Voilà les conclusions auxquelles on arrive forcément
en étudiant de près les conséquences d'une pareille loi.

Et maintenant, Messieurs, que faudrait-il pour que le
régime successoral de notre code fut aussi parfait que peut
l'être une loi humaine? Bien peu de chose, je crois. La réforme devrait porter tout d'abord sur les frais des partages
et des licitations qui sont vraiment excessifs. Les partisans de la liberté testamentaire absolue ont fait grand
bruit d'une succession présentant un actif net de
725 fr. et qui, les frais prélevés, s'est trouvée réduite à
une somme de 15 fr. à partager entre quatre enfants
mineurs. C'est là, en effet, un résultat déplorable. Mais

www.ingramcontent.com/pod-product-compliance
Lightning Source LLC
Chambersburg PA
CBHW071348200326
41520CB00013B/3145